CATALOGUE

DE

TABLEAUX

ANCIENS

DES DIFFÉRENTES ÉCOLES

LIVRES ILLUSTRÉS, INCUNABLES & GRAVURES

DONT LA VENTE AURA LIEU

HOTEL DROUOT

SALLE N° 3

Le Samedi 18 Janvier 1868

A DEUX HEURES

Par le ministère de M⁰ **ESCRIBE**, Commissaire-Priseur,
rue Saint-Honoré, 217,

Assisté de M. **HORSIN DÉON**, Peintre, rue des Moulins, 15,

Chez lesquels se distribue le présent Catalogue.

EXPOSITION PUBLIQUE

Le Vendredi 17 Janvier 1868, de une heure à cinq heures.

PARIS

RENOU & MAULDE

IMPRIMEURS DE LA COMPAGNIE DES COMMISSAIRES-PRISEURS
Rue de Rivoli, 144

1868

CATALOGUE

DE

TABLEAUX

ANCIENS

DES DIFFÉRENTES ÉCOLES

LIVRES ILLUSTRÉS, INCUNABLES & GRAVURES

DONT LA VENTE AURA LIEU

HOTEL DROUOT

SALLE N° 3

Le Samedi 18 Janvier 1868

A DEUX HEURES

Par le ministère de M⁰ **ESCRIBE**, Commissaire-Priseur,
rue Saint-Honoré, 247,

Assisté de **M. HORSIN DÉON**, Peintre, rue des Moulins, 15,

Chez lesquels se distribue le présent Catalogue.

EXPOSITION PUBLIQUE

Le VENDREDI 17 Janvier 1868, de une heure à cinq heures.

PARIS

RENOU & MAULDE

IMPRIMEURS DE LA COMPAGNIE DES COMMISSAIRES-PRISEURS
Rue de Rivoli, 144

1868

CONDITIONS DE LA VENTE

Elle sera faite au comptant.

Les Acquéreurs paieront CINQ POUR CENT en sus du prix d'adjudication.

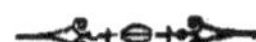

AVIS

Les Gravures, Incunables & Livres illustrés, seront vendus au commencement de la Vente.

DÉSIGNATION

DES

TABLEAUX

—◦◦—

ÉCOLES ALLEMANDE, FLAMANDE & HOLLANDAISE

BERGHEM (Attribué à)

1 — La Moisson.

Un homme et une femme assis lient des gerbes de blé. Un peu en arrière, un paysan est endormi à terre, la tête appuyée sur son bras.

DIETRICK

2 — Pastorale.

Assise sur un tertre, une nymphe gardant des moutons, la tête appuyée sur la main droite, de l'autre maintenant sa houlette, est pensive et rêveuse. Près d'elle un enfant tresse des couronnes.

3 — Vieille Femme.

Le sommeil l'a surprise pendant la lecture d'un livre sur lequel elle est appuyée.

FRANCK (François)

4 — Christ en croix.

Des anges reçoivent dans des vases d'or le sang de Notre-Seigneur. La Vierge et saint Jean se voient debout et en prière à droite et à gauche de la croix.

FRANCK (Gabriel)

5 — Le Festin de Balthazar.

Eclairé par de nombreux candélabres et par des flambeaux, le roi de Babylone assiste à un festin qu'il donne à toute sa cour entourant trois immenses tables placées au centre d'une vaste pièce de son splendide palais.

HALS (Attribué à François), et daté 1656

6 — Portrait de Femme âgée, tenant un livre dans les mains.

HELMONT (Van)

7 — Scène flamande.

Des gens à table devant un cabaret, des dames et seigneurs en conversation; au second plan, une ferme, des moutons; au fond, des paysans auchant un blé composent ce tableau d'un bon effet.

HUYSMANS DE MALINES

8 — Paysage.

Masses d'arbres, terrains éboulés vivement éclairés, port de mer au fond.

JANSSENS (Corneille)

9 — Intérieur de village.

Un grand nombre de voyageurs ont fait halte devant les portes des différentes auberges d'un village traversé par une route. Les uns font manger l'avoine à leurs chevaux, des dames descendent d'un coche, les autres forment divers groupes. Sur le premier plan, entr'autres sont des dames et leurs enfants, près desquels des gentilshommes à cheval sont arrêtés. Un pauvre leur demande l'aumône, un paysan conduisant une charrette les salue.

MEINDERHOUT

10 — Paysage. Site d'Italie avec figures et animaux.

11 — Paysage. Site pris aux environs de Gênes, avec figures et animaux.

MONI (Louis de)

12 — Diane découvrant la grossesse de Calisto.

NETSCHER (Constantin)

13 — Portrait de Femme avec mains.

14 — Portrait de Femme tenant une orange dans la main gauche.

NIEULANDT (G.-V.)

15 — Ruines et Figures.

Une pièce dépendant des ruines d'un palais a été convertie en un solitaire ermitage; la porte restée ouverte laisse apercevoir saint Jérôme en méditation, ainsi qu'un lion couché près de lui.

PASCH

16 — Portrait de Chasseur.

Il est jeune et vu en pied, ses chiens se reposent près de lui; à son côté n voit un petit paysan et à terre du gibier.

PIERSON (Christophe). Signé 1670

17 — Portrait de jeune Fille.

Dans un paysage boisé, elle est vue en pied, vêtue de soie rose et jaune, une écharpe blanche et légère agitée par le vent voltige derrière elle, un carquois est suspendu à son côté, elle tient une flèche. Près d'elle est un lévrier qui suit du regard tous ses mouvements.

Ce curieux portrait, d'une conservation parfaite, mérite une attention particulière de MM. les amateurs.

POEL (Egbert Van der)

18 — Intérieur flamand.

Près d'une foule d'accessoires rustiques jetés à terre, une femme est à son rouet en train de filer. Au fond, près d'une cheminée, des buveurs.

REMBRANDT (École de)

19 — Le Réveil des gardes du tombeau de Jésus.

ROMBOUTS (Théodore), élève de JANSSENS

20 — Portrait d'Homme.

Il est vu en pied dans un paysage, assis sur un tertre, jouant du violoncelle.

ROOS (Philippe)

21 — Paysage et Animaux.

TENIERS (Abraham)

22 — Route traversant des rochers.

TERBURG (D'après)

23 — Une Courtisane à laquelle un cavalier offre des pièces d'or.

VERDUSSEN (Jean-Pierre)

24 — Nature morte.

Deux oiseaux, une cage, des appeaux sont déposés sur une table da pierre.

VROOM

25 — Paysage et Animaux.

Près d'un village, deux paysans gardent quatre vaches dans une prairie.

WET (Gérard de)

26 — Jésus Prédicateur.

Notre-Seigneur, debout sur l'avant d'une barque dans laquelle trois matelots se tiennent à l'arrière, prêche la loi de Dieu à un grand nombre de personnages de conditions diverses réunis sur le rivage d'un pays montagneux.

WAEL (Jean de)

27 — Les Rameaux.

Jésus suivi d'un grand concours de gens de toutes conditions, plusieurs étendant leurs manteaux ou jetant des rameaux sous les pieds de la mule qu'il monte, fait son entrée dans Jérusalem.

WOUWERMANS (Genre de)

28 — Petit Paysan donnant à manger à un cheval blanc.

ÉCOLE HOLLANDAISE (1579)

29 — Portrait d'Adrien Cormhout, avec mains et ar-
moiries.

ÉCOLE FRANÇAISE

BÉNARD (J.-B.)

30 — La Marchande d'huîtres.

31 — La Marchande de poisson (Gouaches).

BOUCHER (École de)

32 — Pastorale.

Un jeune villageois assis près d'une gentille bergère, lui offre des fruits
qu'il vient de cueillir et déposer à ses pieds.

Tableau de décoration de moyenne grandeur agréable et clair.

BOUCHER (D'après)

33 — Léda.

BOUNIEU (Michel-Honoré)

34 — La Visite à la nourrice.

Dans l'intérieur d'une chaumière, près d'une table couverte d'une nappe
blanche, un jeune homme et une jeune dame admirent la beauté de leur
petit enfant. La nourrice leur offre des rafraîchissements et son mari boit
à la bienvenue de ses hôtes.

CHALLE (Attribué à)

35 — Sujet tiré des Contes de La Fontaine.

CHARPENTIER

36 — Le Séducteur.

Une jeune mère est défendue des entreprises d'un homme assis p
d'elle par l'aîné de ses deux enfants, à peine âgé de cinq ans.

CORNEILLE (MICHEL)

37 — Départ d'Adonis pour la chasse.

DANLOUX (PIERRE)

38 — Tête de jeune Garçon.

DUCAYER

39 — Portrait d'une Dame de la Cour de Louis XIII.

40 — Portrait de Dame de la Cour de Louis XIII.

FRAGONARD (D'après)

41 — Le Baiser.

FREMINET (MARTIN)

42 — Portrait présumé de Henri IV, sous les attributs de
Jupiter.

LEBRUN (École de)

43 — Gédéon profite de la nuit pour attaquer les Madianites.

44 — Gédéon vainqueur se fait apporter les anneaux d'or, insigne de la religion des Madianites.

LOIR (Nicolas)

45 — Pyrame et Thisbé.

Le prince est étendu à terre. Thisbé, agenouillée près de son amant expirant, le contemple avec désespoir. L'Amour près d'eux verse d'abondantes larmes, une source détourne la tête d'un spectacle aussi navrant, et le lion, cause de la fatale erreur, se voit au loin rugissant dans la campagne.

MIGNARD (Pierre)

46 — Portrait de Louis XIV, jeune. Buste.

VALLIN

47 — Une Bacchante.

Vue jusqu'aux genoux et de grandeur naturelle, elle presse un raisin dont elle reçoit le jus dans une coupe d'or.

VIGNON (Claude) le père

48 — Sainte Cécile.

La sainte martyre est assise, vêtue d'un riche et élégant costume, les yeux élevés vers le ciel, elle chante les louanges du Seigneur en s'accompagnant sur la viole.

Une exécution précieuse, une couleur agréable recommandent ce bon tableau exécuté sous l'inspiration des œuvres du Guide.

ÉCOLES ITALIENNE ET ESPAGNOLE

BONIFACIO (Francesco)

49 — Satyre tenant embrassée une Nymphe.

BONIFACIO (Véronèse)

50 — Portraits de Femme et d'Enfant.

Riches costumes.

CASTELLO (Bernardo)

51 — Sainte Famille.

La Vierge soutient sur ses genoux l'Enfant Jésus qui vient de quitter son sein pour s'amuser des ébats d'un oiseau que lui présente le petit saint Jean. Saint Joseph, un peu en arrière, suit avec intérêt leurs jeux enfantins.

LOCATELLI (Andrea)

52 — Paysage.

A gauche, des terrains éboulés couronnés de beaux arbres au feuillage léger se détachant sur un ciel clair ; à droite, l'horizon, et sur le premier plan des chèvres.

MOYA (Pierre de)

53 — Notre-Seigneur apparaissant à la Madeleine.

Madeleine, agenouillée, contemple avec admiration le Sauveur qui lui dit en reculant : *Ne me touchez pas.*

MURILLO (École de)

54 — L'Enfant-Jésus endormi et saint Joseph.

OLIVIERI

55 — Paysage montagneux avec pont et figures.

TRISTAN (Louis), maître de VÉLASQUEZ

56 — Saint Pierre.

Le disciple de Jésus, assis sur un rocher, les mains croisées sur l'un de ses genoux, accablé de honte et de repentir, courbe la tête en entendant le chant du coq.

DIVERS

57 — ÉCOLE FRANÇAISE. Portrait de Femme, époque Louis XIV.

Elle est peinte sous les attributs de sainte Cécile.

58 — ÉCOLE FRANÇAISE. Sujet allégorique.

59 — ÉCOLE FRANÇAISE. La Vierge, l'Enfant et saint Joseph.

60 — VAN DER LAENEN (Genre de). Seigneurs et Courtisanes à table.

61 — ÉCOLE FRANÇAISE. Paysage avec figures de chasseurs.

62 — Femme au bain. Portrait. (Pastel.)

63 — ÉCOLE ALLEMANDE. Suzanne et les Vieillards.

64 — ÉCOLE VÉNITIENNE. Danaé.

65 — ÉCOLE ALLEMANDE. Paysage avec lac.

66 — ÉCOLE FRANÇAISE. Sujet tiré des Contes de La Fontaine.

67 — ÉCOLE FLAMANDE. Fruits déposés sur une table.

68 —   Id.   Portrait d'Homme avec mains.

69 —   Id.   Portrait d'un jeune Chasseur.

70 —   Id.   Portrait d'un Chevalier de Malte.

71 — CASANOVA (Genre de). Femme à cheval lisant une lettre à un ânier.

72 — CASANOVA. Animaux et Figures. Pendant du précédent.

73 — ÉCOLE FLAMANDE. Chien blessé.

74 — ÉCOLE FRANÇAISE. Portrait de Femme; un jeune homme placé derrière elle, cherche à l'embrasser.

75 — LAGRENÉE (École de). Lucrèce et Tarquin.

76 — ÉCOLE FRANÇAISE. Portrait d'Homme.

77 —   Id.   Portrait de Femme, époque de Louis XIV.

78 — ÉCOLE FLORENTINE. Femme en prière.

79 — GREUZE (Genre de). Tête de jeune Fille.

80 — ÉCOLE ITALIENNE. Sainte Famille. Panneau de cèdre.

81 — HONTHORST (Genre de Gérard). Sainte Famille. Effet de lumière.

82 — ÉCOLE FRANÇAISE. Paysage.

83 — ÉCOLE FLAMANDE. Paysage.

LIVRES ANCIENS

84 — Histoire universelle. Ouvrage des premiers temps de l'Imprimerie ; illustré de gravures sur bois. 1 vol.

85 — École de Cavalerie, par M. de La Guérinière, illustré par Parrocel. 1 vol.

86 — Médailles du règne entier de Louis XIV, avec Explication historique ; illustré par Coypel. 1 vol., reliure de luxe.

87 — Discours de la Religion des anciens, illustré de gravures sur bois, par noble seigneur Guillaume du Choul, 1557.

88 — Discours sur la Castramétation et Discipline militaire des Romains ; illustré de gravures sur bois, par Guillaume du Choul, 1555.

89 — Histoire du Temple de Jérusalem, dédiée au roi d'Espagne Philippe III, par J.-B. Villeynendus, Fort belle édition en 3 vol., reliés, ornés de cartes et de gravures, 1602.

90 — Livre des premiers temps de l'Imprimerie, contenant :

1° L'Introduction *De Scientia armonica* de Cléonide, traduite par Valla Placentinus ;

2° Les dix Chapitres du livre de Vitruve-Pollion, sur l'Architecture, dédié à César-Auguste, annoté et enrichi de figures faites à la main ;

3° L'Opuscule d'Ange Policien qui a pour titre : *Panepistemon* ;

4° Le Livre de Julius Frontinus sur les Aqueducs ;

5° L'ouvrage intitulé : Lamia ;

6° L'Avant-Propos de la première analytique d'Ange Policien ;

7° Enfin un Traité en caractères gothiques, orné de figures, sur l'Arithmétique, la Géométrie et la Musique vocale.

GRAVURES SOUS VERRE

D'après Corrège, Puget, Titien, Van Dick, Daniel de Volterre, Lebrun, B. West, L. de Boullongne. — Gravé par Edelinck, Bernard Baron, W. Harp, Drevet, Guillemot, Gillon, Biondi, Geille.

Ensemble, 10 gravures.

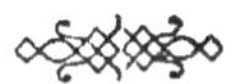

Renou et Maulde, imprimeurs de la Compagnie des Commissaires-Priseurs, rue de Rivoli, 144.　　　10668